À la gamine que j'étais, qui cherchait sa place sur le grand bateau terrestre.
L.A

À mon coeur de rose.
M.G

Édition : BoD – Books on Demand, info@bod.fr

Impression : BoD – Books on Demand, In de Tarpen 42, Norderstedt (Allemagne)

Impression à la demande

© 2022 Les histoires kabotines

Texte : Ludivine Alcala

Illustration de couverture : Maxime Gosselin

Illustrations : Maxime Gosselin

Dépôt légal : Novembre 2022

ISBN : 978-2-3224-5912-4

LUDIVINE ALCALA - MAXIME GOSSELIN

LE VAILLANT
Sans capitaine à bord

Conte pirate

COLLECTION LES COUPES COURTS

1. INTRODUCTION

Tatam était un capitaine
Dur, grand et costaud.
Il menait d'un bras de fer
Une équipe de valeureux pirates
Dont la réputation n'était plus à faire...

On disait d'eux :
→ Qu'ils ne dormaient jamais !
→ Qu'ils gagnaient contre vents et marées !
→ Qu'ils étaient d'excellents chasseurs de trésors !
→ Qu'ils se nourrissaient de mets aussi délicieux que variés !
→ Et que leur bateau brillait de mille feux !

...

Mais la réalité était tout autre,
Car en vérité, ils étaient comme les autres...

Leur navire, baptisé *le Vaillant*, vieux bateau plein de charme, avait besoin d'être restauré. En effet, l'entretien laissait à désirer. Les rares butins et les maigres finances ne permettaient pas de le rénover. La vie était dure pour l'équipage qui mangeait rarement à sa faim.
De fait, c'était Tatam qui propageait la rumeur de leur puissance, et gare à celui qui ne voulait y croire !

« Tatam, quand il cause, on l'écoute !

Tatam, quand il ordonne, on le suit ! »

Sur *le Vaillant*, l'équipage avait pris l'habitude de l'entendre hurler de jour comme de nuit. Rêvant parfois de mutinerie[1], les pirates, fatigués, se résignaient bien souvent, par manque de courage absolu.
Pour tout vous dire, la désorganisation de Tatam était telle qu'elle créait un sentiment de confusion chez ses partenaires. Ordres, contrordres : désordre ! Cela les éloignait jour après jour un peu plus du succès.

Mais un jour,
Arrivant au port,
Tatam rencontra...
Un nouvel amour.

C'était une dame dure, grande et costaude.

Qu'elle ne fut pas la surprise au petit matin,
Lorsque l'équipage se leva sans entrain :
De tribord à bâbord ! Sans capitaine à bord !
Et pour seul adieu, cette lettre sans remords :

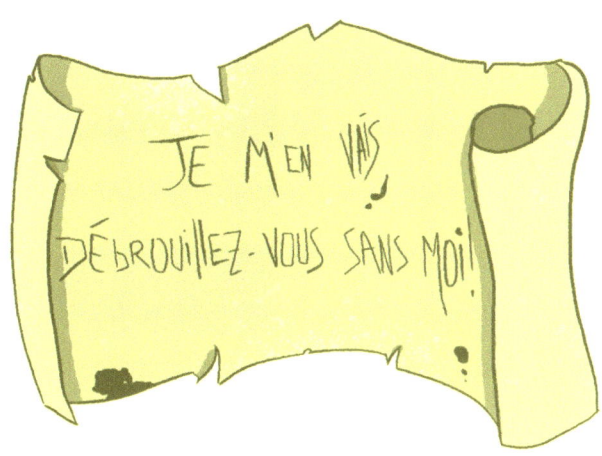

Le papier, taché de levure de bière, tomba brusquement des mains de Jean, le second du capitaine.

Tatam s'était enfui. Avec son amante dure, grande et costaude.

Et alors, *le Vaillant* devint étrangement silencieux. Le plancher craquait à peine sous le poids des pirates immobiles, bouches béantes, regards hagards, un filet de bave au coin des lèvres.

Même Jean, qui jusqu'alors savait se faire entendre, ne disait mot. Une question d'importance apparut comme une évidence : QUI ?

Qui allait succéder au capitaine Tatam ? Qui était assez dur, grand et costaud pour assurer la relève ?

Voyons un peu… ces gaillards-là, à quoi ressemblaient-ils ?

2. L'ÉQUIPAGE

D'abord, il y avait Jean le timonier[2], navigateur hors pair, second du capitaine, aussi bagarreur que Tatam. Il exécutait les ordres de son capitaine, et cela, toujours avec un grand dévouement. Alors lorsque celui-ci disparut, Jean eut la terrible sensation qu'il lui manquait quelque chose.

Et puis, il y avait Sven le cuistot, il était certes robuste, mais n'avait rien d'un meneur.
Passionné, rêveur et créatif, il était grisé par la cuisine au poisson pourri qu'il présentait chaque jour sur les tables de bois branlantes. En fin de compte, TOUT le déprimait sérieusement sur cette vieille carcasse de bateau (en particulier, l'équipage...).

Ensuite, il y avait Emmy, le jeune mousse[3]. Une fille blonde, discrète mais observatrice, maigre mais courageuse, elle s'appliquait à faire briller le navire sous tous les angles et veillait à ce qu'aucun déchet n'eût été laissé à l'abandon. C'était un sacré boulot, car ces pirates-là étaient de vrais ingrats !

Ahmed était le charpentier de la bande, très doué de ses mains, mais un brin nerveux. Passé maître dans l'art du bricolage, aucune fissure ne lui résistait. On dit qu'un jour, il répara un trou de canon ÉNORME ! Il avait fabriqué de la colle à base de poisson, et avait ainsi réussi à boucher le trou en y insérant les culottes de l'équipage !
Ce jour-là, le naufrage fut évité grâce à son ingéniosité.

Enfin, si on levait les yeux, on pouvait apercevoir Léopoldine, la vigie[4] bien habile. On disait que, de là-haut, elle pouvait apercevoir n'importe quel bateau à des centaines de kilomètres à la ronde ! Certains racontaient même qu'elle était capable de parler avec les oiseaux ! D'ailleurs, elle avait un ami perroquet, toujours perché sur son épaule, dont la voix s'avérait aussi douce que la sienne… c'est-à-dire, incroyablement criarde !

Alors, qui ?

QUI allait prendre la place de capitaine ?

Chacun se mit à causer haut et **FORT**.

3. LES PROMESSES DES CANDIDATS

Jean :

– Morbleu ! Moi, Jean capitaine, je ferai de vous les plus grands guerriers des mers ! Je vous emmènerai dans les endroits les plus dangereux, à mille lieues des côtes, affrontant d'effroyables tempêtes ! Nous trouverons les butins de Poséidon, nous serons les rois de la galère, nous serons des navigateurs hors pairs, nous serons...

Ahmed :

– Pff... nul ! Euh... moi... Ahmed... Ca-ca-capitaine, je... je... je ferai de notre bateau le... le... le plus beau des bateaux ! Il sera réparé avec les meilleurs matériaux, euh... du monde, les plus costauds que l'on trouve sur les marchés ! Ah ! Et je... je fabriquerai un nouveau drapeau, avec plein de jolies couleurs ! Et je repeindrai le navire... en... en bordeaux ! Et je le rebaptiserai *l'Ahmédique*. Ah, ah ! Car, *l'Ahmédique* ! *L'Ahmédique* ! *Je veux l'avoir et je l'aurai*... Allez, avec moi ! L'Ahmédique, l'Ahmédique !

Sven :
– Puf ! navrant... Moi, Sven capitaine, je serai à l'écoute de votre gourmandise : à la recherche de la moindre friandise. Nous irons explorer mille terres pour découvrir les mets les plus exotiques. Car un pirate qui se régale est un pirate génial !

Léopoldine :
– Hi, hi, hi ! Quelle blague ! Moi, Léopoldine capitaine, je ferai de vous les pirates les plus célèbres au monde ! Nous donnerons des spectacles dans tous les ports ! Grâce à ma connaissance des oiseaux, je vous apprendrai à les dresser ! Nous aurons mille canons de lumière, nous lancerons des feux d'artifice ! Je vous apprendrai à exécuter des cascades, des pirouettes, et ça s'appellera... le... le...

JEAN :
– **Morbleu ! Taisez-vous ! TAISEZ-VOUS !**
Bon. Comme Emmy n'est qu'un petit mousse ni dur, ni grand, ni costaud, on peut être sûr que ce ne sera pas elle qui prendra les commandes du navire. Alors, c'est à elle qu'il revient de choisir notre capitaine !
Tous les regards se tournèrent vers Emmy.
EMMY :
– …
JEAN :
– ALORS ?
EMMY :
– J'ai bien entendu vos promesses… mais je crois qu'il faudrait… un peu plus de…
JEAN :
– …de quoi ?
EMMY :
– …de sagesse ?
JEAN :
– **Morbleu !** On est des pirates, on n'est pas des sages !
EMMY :
– Je veux dire, on pourrait essayer de s'entendre, tous ensemble, ce serait…
SVEN :
– Puf ! Tu crois que ton avis nous intéresse ? Va plutôt laver la carcasse de ce pauvre rafiot ! Il dégage une odeur pestilentielle !

AHMED :
– QUOI ?! Tu... tu... tu oses insulter le... le bateau ?! Peut-être que si tu cuisinais mieux, il... il ne puerait pas autant !
SVEN :
– Ce n'est pas de mon fait si Léopoldine est incapable de nous mener à de belles contrées gourmandes...
LÉOPOLDINE :
– Tu nous saoules avec tes grands mots et tes grands airs ! Redescends sur terre !

– Je te conseille de te méfier, ma chère, car il ne serait pas surprenant que tu tombes prochainement sur un poisson un peu verdâtre...

JEAN :
– Ah, ah, ah !! Redescends sur terre ! Sur un bateau, redescends sur terre ! Elle est bien bonne... Allez, taisez-vous. Les élections auront lieu ce soir à onze heures. Réfléchissez bien ! Dégagez !

C'est ainsi que chacun reprit son poste sur le Vaillant, sans véritablement oublier l'enjeu des élections, présent dans tous les esprits. Le bateau devint alors le terrain d'étranges phénomènes...

4. LES FARCES

Tout commença par des messages intimidants, parsemés sur les couchages :

MÉFIE-TOI DES AMES PERDUES
QUI RODENT AUTOUR DU BATEAU.
SEUL UN CAPITAINE FORT COMME UN GUERRIER PEUT LES FAIRE FUIR !

Puis, après le déjeuner, tous les membres de l'équipage furent malades comme des chiens. À bord, Sven glissait une discrète recommandation à l'oreille de tous les matelots mal-en-point :
– Puf ! Si j'étais capitaine, tu ne souffrirais pas tant !

Ahmed creusait des trous çà et là dans les canots, les jambes des pêcheurs s'en trouvaient complètement trempées et les os, gelés. Le charpentier assurait que cela ne se produirait plus jamais s'il était capitaine.

Enfin, Léopoldine avait dressé son perroquet à becqueter les autres membres de l'équipage en leur répétant sans cesse : « Léopoldine est la meilleure ! Léopoldine est la meilleure ! Léopoldine est la meilleure... ».

En début de soirée, il régnait une pagaille sans nom sur le Vaillant et cela rendait Emmy lasse, triste, désabusée.

SVEN :
– **Aïe, aïe, aïe !** Mon postérieur ! Foutu perroquet ! Je vais t'attraper et te cuisiner aux algues !
JEAN :
– Ah, ah, ah ! Le premier qui capture ce perroquet de malheur gagne le droit de le manger !
LÉOPOLDINE :
– Laissez-le tranquille !
Sven, de forte corpulence, se trouvait déjà en difficulté pour attraper l'oiseau et c'était sans compter la filouterie de Jean.
Celui-ci mania le gouvernail dans tous les sens, de manière à faire tanguer le bateau à bâbord, puis à tribord, puis encore à bâbord ; Sven valdingua sur un petit mât dont le bois se brisa. **CRAAAAAAAC !**
AHMED :
– Ehhhhh ! Qui... qui... qui va réparer ça encore ?!
LÉOPOLDINE :
– Hi, hi, hi, ben, toi ! Tu n'auras qu'à prendre ta culotte pour le rafistoler !
AHMED :
– Tu... tu... tu vas voir ce que je vais en faire de la tienne, de culotte !
Et Ahmed attrapa le pantalon de Léopoldine par lequel

il la souleva. Elle essaya de s'extirper mais le bougre avait une force phénoménale. Léopoldine gigotait donc en l'air, essayant de se dégager et donnant des coups de poing dans le vide.

— Marin d'eau douce ! Bon à rien !

— Toi qui ne sais pas nager, tu vas goûter à la mer !

Et le charpentier emmena la vigie sur la planche[5]. Il était prêt à la **jeter par-dessus bord.**
Tout le monde, ou presque, riait.

STOOOP !!!!

Et ce cri énorme résonna dans tout le bateau.
C'était **Emmy**, rouge de colère, qui serrait les poings et la mâchoire. Ahmed fut tellement surpris qu'il en laissa tomber Léopoldine, qui se retrouva avachie et éberluée sur la planche.
Tous les regards se fixèrent sur le jeune mousse, et Jean rompit vivement le silence en s'exclamant :

Bien parlé !
EMMY CAPITAINE !

Mais comme à l'accoutumée, tout le monde sur le Vaillant n'était pas d'accord, Jean n'avait pas réussi à embarquer les autres dans son entrain. Cependant, l'ambiance s'était nettement apaisée.

...

SVEN :
— Puf ! Alors maintenant, il suffit de crier pour devenir capitaine ?
Emmy, encore toute rouge, desserra les poings.
LÉOPOLDINE :
— Mais c'est vrai, ça ! Et puis d'abord, comment pourrait-elle être capitaine ? Elle n'a aucun talent !

C'est alors qu'Emmy prit de la hauteur et se positionna près de la roue du gouvernail.
EMMY :
– Je n'ai peut-être pas de talents, mais je sais combien vous en avez, **VOUS** ! Vous tous ! Écoutez-moi ! Est-ce que vous savez pourquoi ce rafiot n'a toujours pas pris l'eau ?

...

Eh bien, moi, je vais vous le dire, c'est grâce à vous, bande de crétins !
JEAN :

Bien parlé !
EMMY CAPITAINE !

EMMY :
– JE N'AI PAS FINI !
SVEN :
– Intéressant, ce discours. Quel serait donc ton programme, Emmy jeune mousse ?
EMMY :
– Sven, à force de faire des escales sans un denier[6] en poche, nos ventres crient famine ! Et pourtant, je sais combien tu es capable de cuisiner de la bonne bouffe,

loin des biscuits secs et durs comme de la pierre que tu nous sers ! Quand il y a des jours de fête, et Dieu sait qu'ils sont rares, tu nous régales tellement que le charpentier fait chatoyer les couleurs du *Vaillant*. Ahmed, tu es un véritable artiste, j'ai vu de fabuleuses esquisses dans ton carnet de bord !

Jean, tu terrorises les canailles avec merveille, mais nous nous contentons d'aborder de vieux rafiots d'ivrognes ! Il fut un temps où *le Vaillant* était digne des bateaux les plus terrifiants... un temps où seule la vue de notre navire repoussait n'importe quelle âme vigoureuse qui nourrissait l'ambition de s'en approcher...

JEAN :

– Bien parlé ! EMMY CA...

EMMY : MAIS cette époque est révolue. Il est temps de mettre à profit le talent de notre artiste ! Ahmed, je voudrais que tu donnes une nouvelle âme au *Vaillant*... Tu vas sculpter une magnifique figure de proue[7]..., séduisante..., pareille aux sirènes dont on sait combien l'approche est fatale... Attirés par ce bateau aux allures enchanteresses, de minables gaillards se dirigeront vers nous dans l'exaltation et la naïveté... Et lorsqu'ils seront tout près... nous hisserons le *Jolly Roger*[8] et c'est là que la PUISSANCE BRUTALE de Jean le Terrible viendra les désarçonner !

JEAN :

– Morbleu ! C'est beau ce que tu dis là ! J'en ai la larme

à l'œil ! Et Léopoldine, elle ne sert à rien ? Jetons-la par-dessus bord !
EMMY :
– Toi, sans Léopoldine pour te guider, tu tournerais en rond dans l'eau !
Tout l'équipage se mit à rire de bon cœur. Il faut bien avouer que cela faisait des années que ça n'était pas arrivé. Emmy avait fait là un si beau discours que tous les pirates se mirent à l'acclamer d'une même voix en tapant du pied haut et fort.

EMMY CAPITAINE !!!
EMMY CAPITAINE !!!
EMMY CAPITAINE !!!

Le plancher du *Vaillant* craquait sous les bottes lourdes des membres de l'équipage qui criaient en chœur. Pour sûr, on entendait leurs cris chantants jusqu'aux ports alentour. Peut-être même qu'ils résonnaient jusqu'aux oreilles percées de Tatam.
Après ce chant d'honneur, tout l'équipage se retrouva le cœur joyeux autour de quelques pintes de bières...

Soudain, le charpentier eut une hésitation :
AHMED :
– Mais... une mou... une mou... une mousse... voyons, ça ne peut pas... ça ne peut pas...
JEAN :
– Ça ne peut pas QUOI ?!
AHMED :
– Être... capitaine !
EMMY :
– Et pourquoi donc ?
AHMED :
– Mais alors... qui... qui... qui va laver le... le bateau ?
LÉOPOLDINE :
– Le coq[9] n'a qu'à s'en charger, il ne fait rien hormis cuisiner pour nous toute la journée !

SVEN :
– Puf ! Je suis déjà en charge de la vaisselle, je risque de faire un surdosage de savon et de m'irriter les mains !
EMMY :
– Ce sera moi et personne d'autre.
SVEN :
– Tu tiens tant que ça à t'esquinter les mains ?
EMMY :
– Si c'est le poste qui me permet de vous surveiller et de m'assurer que vous tenez tous votre rôle ; alors oui, je reste *la* mousse !

Ainsi, sa mission était de taille : sur *le Vaillant*, il y avait tout à refaire, à commencer par sa réputation...

Tatam était parti
Avec belle dame et bon vent.
Désormais c'était la brave Emmy
Qui tenait fièrement le navire
En clamant haut et fort : en avant !

Moi, EMMY-La-Mousse,
Je suis capitaine du *Vaillant* ;
Celui dont le charme nous touche,
Et dont le courage fait mouche !

LEXIQUE PIRATE

1 MUTINERIE : Révolte collective contre l'autorité.

2 TIMONIER : Marin qui tient la barre permettant de faire pivoter le gouvernail.

3 MOUSSE : Apprenti pirate chargé des tâches ménagères.

4 VIGIE : Pirate positionné en hauteur, chargé de faire le guet.

5 PLANCHE : Planche faisant office de passerelle entre le bateau et le quai.

6 DENIER : Petite monnaie ancienne ayant la plus petite valeur.

7 FIGURE DE PROUE : Sculpture à l'avant du bateau.

8 JOLLY ROGER : Pavillon noir que l'on hisse avant un assaut.

9 COQ : Cuistot d'un navire.

Les coupés courts

La collection **Les coupés courts** rassemblent des œuvres de fictions courtes et à petits prix destinées à la jeunesse.

Dans la même collection :
La tarte au piment, théâtre ; 2022

Retrouvez toutes les histoires kabotines sur
https://leseditionskabotines.fr

Achevé d'imprimer en 2022 par Books on Demand, Norderstedt, Allemagne.

Le Code de la propriété intellectuelle et artistique n'autorisant, aux termes des alinéas 2 et 3 de l'article L.122-5, d'une part, que les « copies ou reproductions strictement réservées à l'usage privé du copiste et non destinées à une utilisation collective » et, d'autre part, que les analyses et les courtes citations dans un but d'exemple et d'illustration, « toute représentation ou reproduction intégrale, ou partielle, faite sans le,consentement de l'auteur ou de ses ayants droit ou ayants cause, est illicite » (alinéa 1er de l'article L. 122-4). Cette représentation ou reproduction, par quelque procédé que ce soit, constituerait donc une contrefaçon sanctionnée par les articles 425 et suivants du Code pénal. Il est interdit de reproduire intégralement ou partiellement la présente publication sans autorisation du Centre Français d'exploitation du droit de Copie (CFC – 20, rue des Grands-Augustins, 75006 Paris.)